Tamara Raidt

Alice au pays de Matthis

Ernst Klett Sprachen
Stuttgart

1. Auflage 1 5 4 3 2 | 2024 23 22 21

Internetadresse: www.klett-sprachen.de

Redaktion: Edith Michaelsen
Layoutkonzeption: Andreas Drabarek
Gestaltung und Satz: Satzkasten, Stuttgart
Umschlaggestaltung: Andreas Drabarek
Umschlagbild: Shutterstock (Marish), Shutterstock (galllagen), Shutterstock (Lukasz Szwaj), New York
Illustrationen: Matthias Pflügner, Berlin
Emoji Icons: Shutterstock (Andre Luiz Gollo), New York

Druck und Bindung: Plump Druck & Medien GmbH, Deutschland

Tonaufnahmen und Schnitt: Andreas Nesic, Stuttgart
Sprecherin: Laurence De Olivera

Printed in Germany

ISBN-13: 978-3-12-591005-8

Table des matières

Zu diesem Buch gibt es eine Hörfassung, die mit der Klett-Augmented-App geladen und abgespielt werden kann.

Klett-Augmented-App kostenlos downloaden und öffnen | Bilderkennung starten und **diese Seite** scannen | Medien laden, direkt nutzen oder speichern

Vorwort

Liebe Schülerinnen und Schüler,

Lesen sollte zuallererst Spaß machen. Eine spannende Geschichte kommt aber nicht ohne einige Vokabeln aus, die ihr nach drei Jahren Französisch noch nicht kennt. Diese werden jeweils am Seitenende erläutert.

Wenn sich Jugendliche (aber auch Erwachsene) im Alltag unterhalten, wie hier z.B. Matthis und ihre Freunde benutzen sie vorzugsweise das „français familier", das umgangssprachliche Französisch. Das hat z.B. folgende Merkmale:

- Bei Verneinungen fällt oft das ne weg:
  j'ai pas eu statt je n'ai pas eu
- Bei Fragen wird die Intonationsfrage bevorzugt, in welcher die Reihenfolge der Wörter die gleiche bleibt, wie bei einem Aussagesatz:
  Tu vas bien ? statt Est-ce que tu vas bien ?

Damit ihr euch aktiv mit dem Inhalt der Lektüre auseinandersetzen könnt, werden euch Aktivitäten zu jedem Kapitel der Lektüre ab S. 58 angeboten. Diese prüfen u. a. die Kompetenzen des Lese- und des Hörverstehens.

Das Hörbuch zur Lektüre steht euch zum Herunterladen auf euren Smartphones oder Tablets zur Verfügung: Ladet bitte dafür vorab die Klett-Augmented-App kostenlos im App Store oder auf Google Play herunter (s. S. 5).

Und nun viel Spaß beim Lesen und Zuhören !

Chapitre 1

Chez les Dumarin, à Montreuil, près de Paris, dans la soirée du samedi 5 juillet.

– Matthis, c'est ton tour de mettre la table !

Casque posé sur les oreilles, Matthis ignore le message de sa petite sœur et continue de jouer sur l'ordinateur. Il est en pleine compétition avec ses copains. Il ne lui reste plus que la dernière ligne droite, un virage, puis l'arrivée…

– Matthis, ON MANGE !

Cette fois, c'est sa mère qui a crié et les murs ont presque tremblé. Difficile de faire comme s'il n'avait rien entendu, même avec la musique à fond dans les oreilles. Sur l'écran, la voiture de course passe la ligne d'arrivée, Matthis se lève, pousse un cri de victoire et écrit dans la fenêtre de tchat :

– Dsl les gars, je vais manger !

---

5 un casque Kopfhörer *(m)* | **8 un virage** Kurve *(f)* | **11 trembler** wackeln | **12 à fond** *expr ici :* très fort (le volume) | **15 les gars** *mpl fam* Leute

Dans la cuisine, ça sent bon et, comme par magie, la table est déjà mise. Les parents de Matthis et Noëlie, sa petite sœur, l'attendent autour du repas : riz, poulet rôti et sauce.

– Oh cool, du poulet à l'arachide. Un vrai festin d'été, merci m'man !

D'habitude, la maman de Matthis fait ce plat les jours de fête ou quand ses parents sont là. C'est son plat préféré parce que ça lui rappelle son enfance au Congo.

– Bon appétit, dit Matthis.
– *Bolei bolamu*, répond leur maman.

Leur maman ne parle pas souvent lingala depuis qu'elle et ses parents ont quitté le Congo pour la France, quand elle avait huit ans. Mais elle a appris quelques mots de sa langue maternelle à Matthis et Noëlie.

– Au fait Matthis, dit-elle au milieu du repas, tu t'es entraîné au piano ?
– Mmh, murmure Matthis la bouche pleine.
– On avait bien dit que pour jouer à l'ordinateur, tu devais d'abord t'entraîner au piano. Trente minutes par jour, insiste son père.
– Mais ça m'ennuie, le piano. Je préfère jouer à « Course poursuite » avec mes copains, dit Matthis entre deux bouchées.
– Ah oui, trop cool ! Du coup, c'est moi qui ai mis la table, monsieur le champion de « Course poursuite » ! Alors, aujourd'hui c'est toi qui débarrasses ! dit Noëlie avec un grand sourire.

---

4 un festin Festessen *(n)* | **22 une bouchée** Bissen *(n)* | **23 du coup** *fam* daher | **25 débarrasser (la table)** den Tisch abdecken

– Mais oui, petite sœur ! répond Matthis l'air moqueur.

– Chuis pas petite ! J'ai sept ans !

– Oh c'est vrai, t'es hyper grande, pardon, immense petite sœur. P'pa, m'man, j'ai tchaté avec les copains du camping, on a déjà plein de projets pour les vacances !

En effet, la famille Dumarin va bientôt partir en vacances à Biarritz, dans le Sud-Ouest de la France. Matthis adore l'ambiance du camping où ils vont tous les ans. Il y retrouve chaque année les mêmes copains et est impatient de les retrouver cette année aussi :

– On va faire du surf, jouer à la pétanque, les parents de Théo ont déjà prévu un barbecue avec tout le camping ! Et cette fois, on va gagner le tournoi de volley avec les copains. Vous allez voir c'que vous allez voir !

– Et moi, je serai dans ton équipe ? demande Noëlie.

– Bah non, Nono, tu vas nous faire perdre ! Toi, tu seras à côté pour nous encourager, avec maman et papa.

– Mais moi, je veux jouer avec vous ! Pas juste regarder. En plus, je suis trop forte au volley !

– Mais t'es trop petite pour jouer.

– Arrête de dire que je suis trop petite !

– Ça suffit maintenant, intervient leur maman. Finissez votre riz, il va refroidir.

Matthis et Noëlie se taisent.

– C'était super bon, maman. Merci ! dit Noëlie quand elle a terminé. Puis elle donne son assiette à son frère et lui dit avec un grand sourire :

---

1 (avoir) l'air *m* moqueur spöttisch (aussehend) | **10 la pétanque** Boulespiel *(n)* | **11 prévoir** planen | **12 un tournoi** Turnier *(n)* | **21 intervenir** *ici :* sich einschalten | **23 se taire** schweigen.

– Tiens, merci à toi aussi, super champion !

Pendant que Matthis débarrasse vite la table, le téléphone sonne dans le salon. Sa mère décroche rapidement. Matthis s'arrête et écoute : c'est bizarre, sa mère parle plus bas que d'habitude. Il réussit à entendre ses dernières paroles avant de raccrocher :

– Bon d'accord, d'accord. Mais je vous en prie. Bien sûr, je vais le dire aux enfants.

- Mathias spielt mit seinen Freunden Viedeospiele
- Abendessen mit Vater, Mutter + Schwester (7Jahre)
  → Eltern aus Kongo → zogen nach FR als Mathias 8 Jahre alt war
- Mathias fährt mit seiner Familie campen
  → freut sich sehr darauf

3 décrocher (le téléphone) (das Telefon) abnehmen | **5 raccrocher (le téléphone)** (das Telefon) auflegen

Chapitre 2

Chez les Dumarin, le dimanche 6 juillet, au petit déjeuner.

« J'ai quelque chose à vous dire » n'est pas une phrase que Matthis aime beaucoup. La dernière fois que sa mère l'a prononcée, c'était pour annoncer la mort du hamster. Il s'attend donc au pire.

– Les enfants, on a une bonne et une mauvaise nouvelle.

Matthis fait la grimace.

– Je commence par la bonne. Eh bien, on va accueillir une jeune fille chez nous. Elle est malade et a besoin de soins qu'elle ne peut pas avoir dans son pays. Elle vient du Burkina Faso et a douze ans.

– Cool ! dit Noëlie.

– Pourquoi elle vient chez nous ? s'exclame Matthis.

Sa mère lui lance un regard mécontent.

– Parce qu'on est bénévoles pour une association, Matthis, qui aide les enfants malades du cœur. Et on a accepté d'accueillir une jeune fille le temps de son opération.

– Mais pourquoi elle peut pas se faire opérer chez elle ?

– Parce que c'est une opération longue et compliquée qui n'est pas possible dans son pays. L'assoce « Un cœur pour un enfant » organise le voyage des enfants qui viennent en France pour se faire opérer.

– Et… elle reste combien de temps ? demande-t-il.

– À peu près deux mois.

---

9 **un soin** Pflege *(f)* | 12 **s'exclamer** ausrufen | 14 **un/une bénévole** der/die Freiwillige(r) | 14 **une association** Verein *(m)* | 19 **une assoce** *fam* une association

– Deux mois ! s'exclame Noëlie.

– Mais oui, dit sa mère, elle doit se reposer après l'opération.

– Et… la mauvaise nouvelle ? se risque Matthis, même s'il connait la réponse.

– On ne va pas pouvoir aller au camping cette année parce qu'elle arrive la semaine prochaine.

Matthis est déçu mais se retient d'exploser :

– Oh non, vous pouvez pas me faire ça ! J'ai trop envie de retrouver la bande. Et les cours de surf ? C'est trop nul !

Le visage de Noëlie devient sombre lui aussi.

– Ouais, c'est nul. Mes copines vont m'oublier si on n'y va pas cette année.

– Mais non, Noëlie, ne t'en fais pas ! répond son papa. On ira l'année prochaine, c'est promis !

Sa maman ajoute :

– Je sais que c'est un gros sacrifice pour vous. C'en est un pour nous aussi. Les vacances à Biarritz, on en rêve aussi ! Mais l'assoce compte sur nous. La fille devait aller dans une autre famille… qui a annulé au dernier moment. Si on dit non, elle ne va pas pouvoir être opérée tout de suite. On ne peut pas la laisser tomber.

– Familie nimmt 12 jähriges Mädchen auf (für 2 Monate)
=> muss am Herzen operiert werden, aus dem Land wo es herkommt geht dies nicht

=> Familie kann nicht nach Biarritz fahren

---

7 déçu, -e *adj* enttäuscht | **7 se retenir de faire qc** sich bezähmen etw zu tun | **13 Ne t'en fais pas !** Mach dir keine Sorgen! | **16 être un sacrifice pour qn** von jdm Opfer verlangen

Chapitre 3 — Matthis findet das gar nicht gut

Dans la chambre de Matthis, le dimanche 6 juillet, après le petit-déjeuner.

Matthis est devant son ordinateur. Le jeu de course est en pause. Il n'a même plus envie de jouer. Sur la discussion, ses copains commencent à s'inquiéter :

Théo
Eh Mat', t où ? Tout va bien ?

Max
Allez, réponds, on t'attend là !

Théo
Bon on va jouer sans toi…

Matthis
Les gars, j'ai une mauvaise nouvelle… 😒 Dsl, mais je vais pas pouvoir venir au camping cet été.

Théo
Oh non, c pas vrai !

Séb
C une blague !? 😧

Matthis
Non, c'est mes parents, jsp c ki leur est passé par la tête…on va accueillir une fille de douze ans. 😣

Max
Attends, tes parents vont adopter un enfant ? 😮 😮 😮

14 **dsl** *langage SMS* désolé, -e *adj* | 21 **jsp** *langage SMS* je sais pas

Matthis
Mais non ! On accueille une fille qui a une grave maladie du cœur et qui peut pas se faire opérer dans son pays. C'est « seulement » pour deux mois.

Théo
Elle vient d'où ?

Matthis
Du Burkina Faso, je crois.

Max
Je connais pas.

Séb
Moi j'ai un pote qui vient de là-bas !

Théo
Eh mais attends, Mat', c'est pas ta reum qui vient du Burkina Faso ?

Matthis
Non, du Congo.

Séb
Donc t'es à moitié congolais !

Matthis
Oui, enfin, non, pas vraiment ! Je me sens pas vraiment congolais. J'y suis jamais allé.

Max
Elle a quel âge, la fille ?

Matthis
Elle a que 12 ans …

Séb
Ouais, je te comprends ! Tkt, on t'envoie des photos des vagues, promis.

---

14 une reum *verlan fam* une mère | **28 tkt** *langage SMS* T'inquiète (pas) ! Keine Sorge!

Chapitre 4

Dans le salon des Dumarin, dimanche 6 juillet.

– Les enfants, venez voir ce que j'ai trouvé aux puces ce matin !

Comme tous les dimanches, M. Dumarin a fait un tour au marché aux puces de Montreuil. Et comme tous les dimanches, il a « trouvé des choses super intéressantes » mais inutiles, ce qui fait râler leur mère.

Enfin, sauf cette fois. Il tient dans sa main un grand livre un peu corné, un *Atlas historique de l'Afrique*. Il range la table, ouvre le livre et cherche une carte actuelle de l'Afrique. Matthis et Noëlie se penchent dessus et essaient de la lire.

– Y'a pleins de pays ! s'exclame Noëlie. C'est où, le Burkina Faso ?

Matthis montre du doigt un pays dans l'ouest de l'Afrique.

– C'est un petit pays, remarque Noëlie. Et là, c'est le nom de la capitale ? Ouaga…dou… dougou…

– Ouagadougou, lit Matthis, fier de lui. Tu penses que la fille y habite ?

– Je crois, oui, répond leur maman.

– C'est comment là-bas ? demande Noëlie à sa maman.

– Je ne sais pas, mais je suis sûre qu'elle sera très contente de nous en parler ! répond sa maman avec un grand sourire.

– Mais non, elle pourra pas, elle parle pas français, répond Noëlie.

---

3 **un marché aux puces** *fpl* ou **les puces** Flohmarkt *(m)* | 6 **faire râler qqn** jdm ärgern | 9 **corné, -e** *adj* umgeknickt | 10 **se pencher sur qc** sich über etwas bücken | 17 **être fier, fière de soi** *adj* auf sich stolz sein

– Si, dit leur père. Ce n'est pas sa langue maternelle mais elle apprend le français à l'école, c'est la langue officielle du Burkina Faso. Comme dans la plupart des pays d'Afrique qui ont été des colonies françaises ou belges.

– Des colonies… comme des colonies de vacances ? demande Noëlie un peu perdue.

– Mais non, dit Matthis. Les colonies françaises, c'étaient des territoires occupés par la France. On a vu ça en cours d'histoire, s'exclame-t-il. Attendez, je vais chercher mes cours !

Aussitôt dit, aussitôt fait. Matthis va dans sa chambre et revient avec son cours d'histoire.

– Au XIXe siècle, plusieurs pays européens colonisent de nombreux territoires en Afrique, en Asie et en Océanie pour exploiter leurs richesses.

– C'était la guerre alors ? demande Noëlie.

– Il y a eu beaucoup de violence parce que les Européens pensaient qu'ils étaient supérieurs aux peuples qui vivaient sur ces territoires, explique la maman de Matthis.

– Du coup, les Européens ont aussi obligé les habitants de ces territoires à parler leur langue, précise leur papa.

– Et quand ces territoires sont devenus des pays indépendants, au XXe siècle, la plupart ont dû garder la langue des colons car elle permettait aux différentes ethnies qui vivaient dans ces pays de communiquer entre elles.

---

5 une colonie de vacances Ferienlager *(n)* | **6 être perdu, -e** *adj* verloren sein | **14 les richesses (d'un pays)** *fpl ici :* Menschen und Bodenschätze

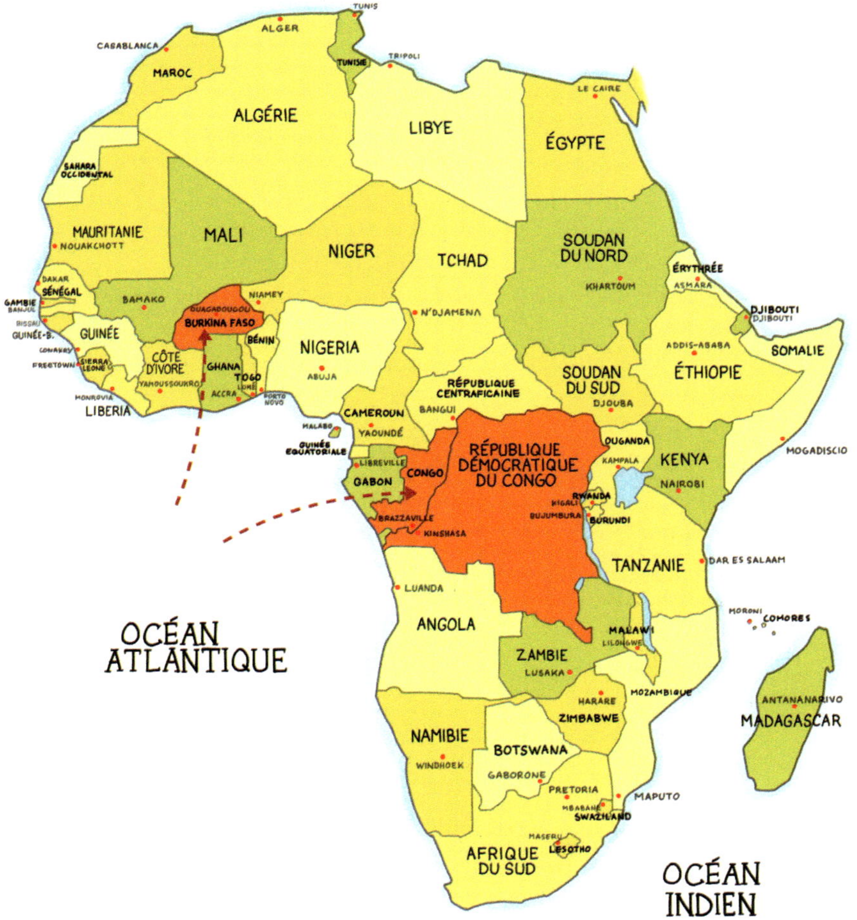
TUNIS
ALGER
CASABLANCA
TRIPOLI
TUNISIE
MAROC
LE CAIRE
ALGÉRIE
LIBYE
ÉGYPTE
SAHARA OCCIDENTAL
MAURITANIE
NOUAKCHOTT
MALI
NIGER
TCHAD
SOUDAN DU NORD
ÉRYTHRÉE
ASMARA
KHARTOUM
DAKAR
SÉNÉGAL
GAMBIE
BANJUL
BAMAKO
NIAMEY
OUAGADOUGOU
BURKINA FASO
N'DJAMENA
DJIBOUTI
DJIBOUTI
BISSAU
GUINÉE-B.
GUINÉE
BÉNIN
NIGERIA
ADDIS-ABABA
SOMALIE
CONAKRY
FREETOWN
SIERRA LEONE
CÔTE D'IVOIRE
GHANA
TOGO
LOMÉ
ABUJA
RÉPUBLIQUE CENTRAFICAINE
SOUDAN DU SUD
ÉTHIOPIE
YAMOUSSOUKRO
ACCRA
PORTO NOVO
MONROVIA
LIBERIA
CAMEROUN
BANGUI
DJOUBA
MALABO
YAOUNDÉ
GUINÉE EQUATORIALE
RÉPUBLIQUE DÉMOCRATIQUE DU CONGO
OUGANDA
KAMPALA
KENYA
MOGADISCIO
LIBREVILLE
GABON
CONGO
NAIROBI
RWANDA
KIGALI
BUJUMBURA
BURUNDI
BRAZZAVILLE
KINSHASA
TANZANIE
DAR ES SALAAM
LUANDA
ANGOLA
MORONI
COMORES
OCÉAN ATLANTIQUE
MALAWI
LILONGWE
ZAMBIE
LUSAKA
HARARE
MOZAMBIQUE
ANTANANARIVO
MADAGASCAR
ZIMBABWE
NAMIBIE
BOTSWANA
WINDHOEK
GABORONE
PRETORIA
MAPUTO
MBABANE
SWAZILAND
MASERU
LESOTHO
AFRIQUE DU SUD
OCÉAN INDIEN

Noëlie fronce les sourcils et dit :

– Je comprends pas !

Alors Mme Dumarin reprend :

– Par exemple, il y a beaucoup de peuples qui vivent au Congo, mon pays d'origine, et ils parlent des langues différentes, par exemple le lingala ou le kituba. Du coup, le français est leur langue commune, c'est en français qu'ils communiquent et font du commerce. Et c'est la même chose au Burkina Faso.

– Ah d'accord ! répond Noëlie. Mais au fait, c'est où le Congo ? ajoute-t-elle.

– Regarde, c'est là, en Afrique centrale, répond sa maman en montrant un autre pays sur la carte.

– Oh, mais il y a deux Congo, un grand et un petit, s'étonne Noëlie.

– Oui, moi je viens de la République démocratique du Congo, qu'on appelle aussi Congo-Kinshasa, c'était une colonie belge. Là, c'est le Congo, qu'on appelle Congo-Brazzaville, c'était une colonie française.

Noëlie a l'air pensive. Tout à coup, le téléphone de Matthis vibre sur la table.

– Oh mince, j'avais oublié ! dit Matthis en regardant son téléphone.

– Quoi ? demande son père.

– J'ai rendez-vous avec les copains pour un championnat en ligne.

---

1 **froncer les sourcils** die Stirn runzeln | 13 **s'étonner (de qc)** (über etw) erstaunt sein

– Et ton piano ? demande sa maman. Tu as rendez-vous quand avec lui ?

Mais Matthis a déjà disparu dans sa chambre.

- Familie sucht nach wo das Mädchen herkommen wird
- Kinder lernen das die formale Sprache Französisch ist es aber noch andere Sprachen gibt + das es früher Kolonien gab (und warum), sowie aus welchem Kongo Mme Dumarin kommt

---

3 disparaître *ici :* partir

Chapitre 5

↗ 10 Jolliet

Dans la chambre de Matthis, quatre jours plus tard.

Matthis tapote les touches de son piano sans grande motivation. Aujourd'hui, personne n'est en ligne : ses copains font leur valise pour le camping. Alors, Matthis met la musique à fond : « Cette année-là »… Une reprise par M. Pokora d'un vieux tube des années 1960. Il chante à tue-tête et improvise une petite chorégraphie quand sa petite sœur entre tout à coup dans sa chambre :

– Eh Noëlie, frappe avant d'entrer !

– Mais tu chantes trop fort, dit-elle. En plus, maman dit que tu chantes faux.

Matthis a l'air vexé.

– Nan, c'est pas vrai, tu chantes trop bien, dit Noëlie en posant une valise près du lit de son frère.

– Mais qu'est-ce que tu fais ? demande Matthis.

– Ben je déménage. Je fais de la place pour la fille du Burkina *Fazo*.

Matthis soupire.

– Burkina *Fasso*, on prononce comme s'il y avait deux « s » à « Faso ».

– Mais y'en qu'un !

– Ben oui, mais c'est comme ça !

---

3 tapoter herumklimpern | **6 un tube** *fam* Hit *(m)* | **7 à tue-tête** *expr* lauthals | **12 avoir l'air vexé** beleidigt aussehen | **16 déménager** umziehen | **18 soupirer** seufzen

– OK… Burkina *Fasso*, répète Noëlie en faisant un effort. La fille du Burkina Faso va dormir dans ma chambre.

Matthis hausse les épaules.

– Oui et alors ?
– Ben, du coup, je dors dans ta chambre, répond Noëlie en haussant les épaules elle aussi.

Matthis fronce les sourcils.

– Ah non, pas question ! C'est ma chambre, j'ai besoin de mon espace privé ! s'exclame Matthis.

Leur maman arrive.

– Matthis, fais des efforts.
– Mais je fais des efforts ! explose-t-il. On part pas en vacances, je vais pas faire de surf, je vais pas voir mes copains. Et en plus, il faut que je partage ma chambre avec Noëlie ? Tout ça pour une fille que je connais pas ?
– Calme-toi Matthis, intervient son père depuis le salon. Venez plutôt voir ce que j'ai !
– Oh non, pas une autre carte ! dit Matthis, énervé.
– Mais non, c'est la fiche de présentation d'Alice.
– Alice ? demande Noëlie.
– Oui, c'est le nom de la jeune fille qui vient dans trois jours, répond leur maman.

---

3 hausser les épaules *fpl* mit den Schultern zucken | **14 partager qc avec qn** etw mit jdm teilen

FICHE D'INFORMATIONS

Nom :
Bara

Prénom(s) :
Alice

Date de naissance :
22.02.2007

Lieu de naissance :
Ouagadougou (Burkina Faso)

Langues parlées :
mooré et français

Nombre de frères et sœurs :
deux frères et une sœur

Maladie :
cardiopathie congénitale

Allergies :
aucune connue

Date et heure d'arrivée :
12.07.2019 à 6 h 35 à l'aéroport Charles-de-Gaulle, Paris.

Date et heure de départ :
09.09.2019 à 18 h 35 à l'aéroport Charles-de-Gaulle, Paris.

C'est la première page d'un dossier médical épais.

– C'est grave maman, une cardiopathie ? demande Noëlie.

– Si on la soigne pas à temps, oui. La dame de l'association m'a expliqué au téléphone que c'est une malformation du cœur.

– Et con… congénitale, ça veut dire quoi ?

– Ça veut dire qu'on naît avec cette malformation, explique leur maman. Il y a différentes formes de malformations. Parfois il faut opérer le bébé dès la naissance pour sa survie, parfois ce n'est pas nécessaire tout de suite.

– Si c'est pas nécessaire tout de suite, dit Matthis, pourquoi elle est obligée de venir *maintenant* ?

Sa maman lui lance un regard noir.

– Mets-toi à sa place : à cause de son cœur malade, elle ne peut plus rien faire car elle est très fatiguée. Si elle n'est pas opérée maintenant, peut-être qu'elle va mourir très bientôt à cause de cela. Tu imagines ? Cette opération va lui sauver la vie !

- das Mädchen heißt Alice und hat einen Herzfehler
→ muss operiert werden da sie sonst sterben wird

- Matthis und Noël sollen sich ein Zimmer teilen damit Alice in Noëls Zimmer schlafen kann
→ findet Matthis nicht gut

1 être épais, épaisse *adj* dick sein (für ein Buch, eine Schicht) | 3 soigner qn jdn medizinisch behandeln | 3 à temps *expr* rechtzeitig | 4 une malformation Missbildung *(f)* | 8 la survie Überleben *(n)* | 9 être nécessaire *adj* notwendig sein

Chapitre 6

Dans la chambre de Matthis, le 11 juillet, dans la nuit.

Il fait chaud. Matthis ne dort pas. Alice arrive demain et il se demande comment ça va se passer. Il regarde son réveil : minuit. Mince, il est tard. Mais il allume quand même son ordinateur. D'habitude, quand il n'arrive pas à dormir, il va sur les forums de jeux vidéo pour échanger ses derniers tuyaux avec les autres joueurs. Mais cette fois, il tape « Burkina Faso, images ».

Sur son écran, il voit des images de villages dans la savane avec des maisons en terre cuite et aux toits de paille, des plantations de coton, des personnes qui se déplacent à vélo ou à dos d'âne. Tout cela est tellement différent de chez lui, loin de tout ce qu'il connaît !

---

5 allumer qc etw einschalten, hochfahren | **7 un tuyau** *ici* : Tipp *(m)* | **10 en terre cuite** aus Tonerde *(f)* | **10 un toit** Dach *(n)* | **10 la paille** Stroh *(n)* | **10 une plantation de coton** Baumwollplantage *(f)* | **11 à dos** *m* **d'âne** *m* auf dem Rücken eines Esels

Il tape ensuite : « Ouagadougou, images ».

Les maisons aux toits de paille laissent place à des maisons en pierre et à des immeubles qui ressemblent à ceux qu'il y a chez lui, à Montreuil. Sur les images suivantes, il y a une cathédrale faite en briques rouges, une mosquée sur la place centrale…

« Ça a l'air plutôt cool, ils circulent tous en moto », se dit-il.

Matthis n'est pas le seul à être encore réveillé. Dans le tchat, la discussion avec ses amis s'active :

Théo
Eh Mat', koi 2 neuf ?

Max
On part demain pour le camping, on va penser à toi !

Séb
Les gars, on se fait un petit jeu avant d'aller dormir ?

2 en pierre *f* aus Stein *(m)* | **3 un immeuble** Gebäude *(n)* | **5 une brique** Ziegelstein *(n)*

Matthis hésite puis répond :

Matthis
Dsl les gars… je dois vraiment aller me coucher, là.

Max
Eh ben ! Qu'est-ce qui t'arrive ce soir ?

Matthis
On va chercher Alice à l'aéroport super tôt demain matin

Séb
C'est sympa d'aller la chercher tous ensemble ! Ça va lui faire plaisir !

Matthis
M'en parlez pas ! Mes parents insistent absolument pour qu'on lui « réserve un bon accueil » !

Max
Eh ben ? C'est normal, la pauvre !

Théo
Ouais, en plus, une opération au cœur, c'est chaud !

Matthis
Ouais, mais bon, elle a 12 ans… jsp trop ce que je vais lui dire…

Max
Mais tkt ! Je suis sûr qu'elle est cool 🙂.

Matthis
Ouais, tant que je peux continuer à jouer avec vous, ça me va. Allez, bonne nuit les gars !

- Matthis kann nicht schlafen und schaut sich im Internet Bilder zu Alices Heimat an

+ er schreibt mit seinen Freunden und die finden es cool das Matthis Familie Alice aufnimmt

3 dsl *langage SMS* désolé, -e *adj* | **17 C'est chaud !** *fam ici :* c'est grave, c'est difficile | **19 jsp** *langage SMS* je sais pas

Chapitre 7

Aéroport de Paris-Charles-de-Gaulle, le 12 juillet.

Matthis regarde sa montre : 6 h 32. Il bâille. Il n'est jamais debout aussi tôt pendant les vacances. L'aéroport Charles-de-Gaulle est désert. Le tableau indique que l'avion d'Alice vient d'atterrir. Noëlie saute d'excitation. Matthis se lève à contrecœur de son siège.

Les premiers passagers sortent. Les parents de Matthis agitent une pancarte « Un cœur pour un enfant ». Alice et une jeune femme s'approchent des Dumarin. Ça y est, c'est elle. Alice est beaucoup plus grande que ce que Matthis imaginait. Elle porte un haut multicolore, une jupe longue et un foulard jaune entoure ses cheveux. Elle semble fatiguée et surtout, très impressionnée. L'accompagnatrice d'Alice se présente puis présente Alice. Noëlie est la première des Dumarin à aller vers elle :

– Salut Alice ! Moi, c'est Noëlie !

Alice esquisse un sourire. Matthis lui dit bonjour, il hésite à lui serrer la main, mais finalement, ils se font la bise. Monsieur et Madame Dumarin serrent la main d'Alice et lui souhaitent la bienvenue. L'accompagnatrice d'Alice échange des formulaires avec les Dumarin, souhaite « bonne chance » à Alice et s'en va. Alice donne un grand sac à Mme Dumarin et dit timidement :

– C'est pour vous, c'est de la part de ma famille.

– Oh c'est gentil, merci beaucoup ! Il ne fallait pas ! s'exclame Mme Dumarin.

---

3 bâiller gähnen | **6 atterrir** landen | **6 à contrecœur** *expr* widerwillig | **7 un siège** Sitz *(m)* | **12 un foulard** Tuch *(n)* | **17 hésiter** zögern | **22 timidement** *adv* → **timide** *adj* schüchtern | **23 de la part de qn** von jdm | **24 Il ne fallait pas !** *expr* Das war doch nicht nötig!

– Qu'est-ce que c'est ? demande Noëlie, curieuse.

– On regardera à la maison, dit Matthis, impatient de retrouver son lit.

– Oui, tu dois être fatiguée, Alice ! dit Mme Dumarin.

Alice acquiesce de la tête.

– Alors, allons-y ! dit M. Dumarin.

- Die Familie holt Alice vom Flughafen ab
- Noëlie freut sich sehr
- Matthis weniger
  → Alice sieht ganz anders aus als er erwartet hat
- Alice hat der Familie ein Geschenk mitgebracht
  → sie ist sehr müde

---

5 **acquiescer** zustimmen

Chapitre 8

Alice observe le paysage de la banlieue parisienne par la fenêtre de la voiture, mais sa fatigue l'emporte vite sur sa curiosité et elle s'endort. Quand elle rouvre les yeux, la voiture est arrivée devant l'immeuble où habitent les Dumarin, à Montreuil.

« Voilà, c'est ton chez toi pour les deux prochains mois » disent M. et Mme Dumarin lorsqu'ils ouvrent la porte de l'appartement. Ils lui proposent à boire puis Noëlie lui montre l'appartement. Quand les deux filles arrivent dans la chambre de Matthis, celui-ci est allongé sur son lit, en train d'écouter de la musique. Il a tout de même un peu honte de ne pas avoir rangé. Mais Alice n'y fait pas attention. Elle remarque tout de suite le piano et demande timidement à Matthis :

– Tu sais en jouer ?
– Bah non, pas vraiment, répond Matthis en haussant les épaules.
– Oh dommage, c'est tellement beau ! dit Alice, un peu déçue.

Puis elle regarde les murs et montre les photos de surf :

– C'est où ça ? demande-t-elle.
– Ça ? dit Matthis qui retrouve un instant son enthousiasme. C'est à Biarritz. On y va chaque été, enfin… sauf cette année, puisque tu es là, ajoute-t-il.

Noëlie lance un regard noir à son frère. Alice sent le malaise, alors Matthis essaie de changer de sujet :

---

2 une banlieue Vorstadt *(f)* | **3 l'emporter sur qc** *expr* die Oberhand gewinnen | **11 avoir honte de faire qc** sich schämen etw zu tun | **22 ajouter qc** etw hinzufügen | **23 sentir qc** *ici :* etw spüren | **23 un malaise** *ici :* Unbehagen *(n)*

– Regarde, ce sont mes copains sur cette photo. Ça, c'est Séb, là, c'est Max, là, Léo… et ça, c'est moi !

Mais Alice semble plutôt intéressée par la planche de surf que Matthis tient sur la photo.

– Tu sais en faire ? demande-t-elle.
– Tu parles ! Je suis le champion des vagues, moi. Hein Noëlie ?
– Oui, t'es le champion des vagues, elles adorent quand tu tombes dans l'eau et que tu bois la tasse, dit-elle en rigolant.

Alice sourit et dit :

– Je suis jamais allée au bord de la mer. L'océan est loin de chez moi.

Alors, Matthis sort sa planche de sous son lit. Il monte dessus et mime les mouvements de surf. Il fait semblant de surfer sur quelques vagues, puis tombe par terre. Noëlie et Alice éclatent de rire.

Soudain, Alice cherche quelque chose dans son sac à dos. Elle en sort une photo et la montre à Matthis et Noëlie.

– Regardez, dit-elle. C'est ma famille. C'est maman, papa, mes deux frères, Gabriel et Ismaël, et ma sœur, Élodie.
– Ils te manquent pas trop ? demande Noëlie.
– Ça va, dit-elle. Mes grands frères m'embêtent souvent et veulent pas jouer avec moi, alors bon…

Noëlie lance un regard accusateur à Matthis.

---

8 boire la tasse *expr* Wasser schlucken | **13 faire semblant de faire qc** so tun als ob | **23 accusateur** *adj* anklagend

– C'est pareil ici, t'inquiète pas.

Puis Alice sort un smartphone de son sac et l'allume.

– Oh, t'as déjà un portable ? s'exclame Matthis.

Alice paraît amusée.

– Chez nous, tout le monde a un portable. En fait, c'est pas le mien, c'est celui de mon père, il me l'a prêté pour le voyage.
– La chance ! dit Noëlie.

Ping ! Le portable d'Alice retentit.

– Oh… c'est un message de mes parents. Ils veulent savoir si je suis bien arrivée et si vous aimez vos cadeaux.
– Oh oui, c'est vrai, pardon Alice, je vais les chercher ! dit la maman de Matthis qui passait par là.

Dans le sac, il y a un gros paquet en carton marron et un petit paquet en papier blanc.

– Je peux les ouvrir maman ? demande Noëlie qui adore les surprises.

Du paquet en carton, Noëlie sort quatre magnifiques mangues bien mûres.

– Mmmh, ça sent bon ! dit Noëlie.
– J'adore les mangues, s'exclame Matthis, soudain plus réveillé.

---

1 c'est pareil *expr* das ist das Gleiche | **8 retentir** klingen | **18 mûr, mûre** adj reif

– Elles poussent dans le jardin de ma grand-mère, explique Alice et montre une photo sur son portable.

Du paquet en papier, Noëlie sort deux foulards en coton, un bleu et un jaune.

– C'est pour vous, Madame, et pour Noëlie.
– C'est très gentil, tu diras merci à tes parents de notre part ! Appelle-moi Mona, d'accord ? Et mon mari s'appelle Stéphane.
– D'accord. Je vais dormir où ? demande Alice car elle se sent soudain très fatiguée.
– Viens, lui dit Noëlie, je vais te montrer !

Noëlie l'emmène dans sa chambre.

– Voilà, c'est ici. T'as la chambre que pour toi ! Mon frère et moi, on dort juste à côté si t'as besoin de quelque chose.
– C'est gentil, merci !

Alice est très impressionnée par tous les jouets et les peluches de Noëlie. Elle s'installe dans sa chambre puis regarde à nouveau la photo de sa famille. En fait, sa famille lui manque. Sa maman s'inquiétait beaucoup pour le voyage et l'opération. Alice s'est montrée courageuse et n'a pas pleuré quand elle a dit au revoir à sa famille, à l'aéroport. Maintenant qu'elle est en France, chez les Dumarin, si loin de chez elle, elle commence à avoir peur. Et si l'opération se passait mal… ? Elle ne veut pas y penser. Elle envoie un SMS à sa famille pour lui dire qu'elle est bien arrivée et que, bientôt, elle ira mieux.

- Alice, Noélie und Matthis reden über das Surfen
  → lachen zusammen + Alice liebt das Meer
- Familie packt Alices Geschenk aus
  → Mangos
- Alice zeigt Bilder von ihrer Familie
- Noélie zeigt Alice ihr Zimmer
  → Alice hat ein wenig Angst vor der Operation

Chapitre 9

À Montreuil, le 14 juillet.

Aujourd'hui, c'est la fête nationale française. Matthis et sa sœur ont bien envie de voir le feu d'artifice de Paris. Leurs parents sont d'accord, mais seulement si Alice est motivée elle aussi. Depuis son arrivée, elle passe beaucoup de temps dans sa chambre car elle est très fatiguée. Matthis propose de voir le feu d'artifice depuis le parc de Belleville, qui n'est pas trop loin de Montreuil.

– C'est la meilleure vue et il n'y a pas trop de bruit ! explique Matthis.

– Il faut beaucoup marcher ? demande Alice. Tu sais, je peux pas trop, avec mon cœur…

– Ah oui, dit Matthis. Mince, j'y avais pas pensé.

Il est un peu gêné, alors Alice veut le rassurer :

– Mais c'est pas grave ! On va marcher doucement.

– Oui, bien sûr, on fera attention ! Mais ça veut dire que tu peux pas faire de sport ?

– Non, parce que je suis vite fatiguée. Mais en fait, j'aime bien le sport ! À Ouaga, on peut pas faire du sport comme vous, ici, en Europe. On n'a pas de beaux gymnases ou des stades pour s'entraîner. Mais, moi, j'aime le foot. Mes frères aussi, ils adorent ça. Un jour, je jouais avec des copines de mon quartier et je suis tombée dans les pommes. C'est à ce moment qu'on a découvert mon problème au cœur. Alors, j'ai dû arrêter le sport. C'était il y a deux ans.

---

14 rassurer qn jdn beruhigen | **20 un gymnase** Sporthalle *(f)* | **23 tomber dans les pommes** *expr* in Ohnmacht fallen

– Purée, dit Matthis, t'as dû être super déçue.

– Oui. Mais après l'opération, je vais retrouver mon équipe ! Elle me manque.

La nuit est déjà tombée quand Alice et la famille Dumarin partent en voiture en direction de Belleville. Alice regarde le paysage qui défile par la fenêtre. Elle remarque des tentes sous un pont, à l'entrée de Paris.

– Qu'est-ce que c'est, ça ? demande-t-elle.

Mme Dumarin regarde à son tour par la fenêtre. Lea

– Ce sont des gens qui vivent ici par manque d'argent.

– Quoi, s'écrie Alice, ça veut dire qu'ils vivent ici tout le temps ? Sous ce pont ? En France ?

– Oui, c'est triste, il y en a de plus en plus, ajoute M. Dumarin.

– Mais comment c'est possible ? demande Alice. Je croyais que personne n'était pauvre en France Chez nous, il y a beaucoup de pauvreté. Mais si quelqu'un de notre famille n'a plus d'argent, on l'accueille chez nous, on le laisse pas dehors !

– Beaucoup sont des migrants venus d'Afrique qui n'ont pas de papiers officiels pour rester en France. Comme ils n'ont pas de papiers, ils n'ont pas le droit de travailler et n'ont pas de maison. explique M. Dumarin en garant la voiture. C'est triste et scandaleux, ajoute-t-il.

Tandis qu'ils marchent en direction du parc de Belleville, ils voient des personnes couchées sur des cartons.

Alice ne dit plus rien. Elle semble choquée et triste. Matthis le remarque et essaie de changer de sujet.

---

1 Purée ! *fam* Mensch! | **6 un paysage** Landschaft *(f)* | **6 défiler** vorbeiziehen | **6 une tente** Zelt *(n)* | **7 un pont** Brücke *(f)* | **21 garer une voiture** ein Auto parken

– Le 14 juillet, c'est toute une tradition chez nous. D'ailleurs, au Burkina Faso, c'est quand votre fête ?

– C'est le 11 décembre, dit Alice. On fête la création de la République, c'était deux ans avant l'indépendance de notre pays, en 1960, je crois.

– Nous aussi, on fête la République ! Le 14 juillet, c'est la date de la prise de la Bastille, en, euh… 1789. C'est là que…

– Vite, le feu d'artifice va commencer, interrompt Noëlie.

– Moins vite, s'il vous plaît, dit Alice.

– Oh, oui, pardon, on peut aussi prendre notre temps.

« Waouh ! » s'écrie Noëlie.

Ça y est, le feu d'artifice a commencé. Alice est émerveillée. Elle regarde le jeu de lumières au-dessus de la tour Eiffel et admire la vue sur Paris et ses monuments.

---

7 la prise de la Bastille die Erstürmung der *Bastille* | **12 émerveillé, -e** *adj* voller Bewunderung *(f)* | **13 admirer qc** etw bewundern

Quand ils rentrent à la maison, il est très tard et tout le monde est content d'aller se coucher.

– *Butu malamu* les enfants, dit Mme Dumarin.
– Ça veut dire quoi ? demande Alice.
– C'est « bonne nuit » en lingala, explique Noëlie.
– *Ney youngo*, répond Alice. C'est « bonne nuit » en mooré.

Avant d'éteindre sa lampe, Alice envoie des photos du feu d'artifice à sa maman. En s'endormant, elle pense à sa famille et à tout ce qu'elle va leur raconter à son retour.

- Mathis & Noëlie wollen sich das Feuerwerk in Paris anschauen
  → Alice kann nicht, so lange / schnell laufen wegen ihrem Herzen
- sie erzählt dass sie Fußball liebt, aber vor zwei Jahren ist sie dabei in Ohnmacht gefallen
  → Herzprobleme herausgefunden
  → Sportverbot
- Alice sieht Menschen die um Geld betteln wundert sich darüber → macht sie traurig
- Alice erzählt von ihren Feiertagen

Chapitre 10

À Montreuil, chez les Dumarin, le 21 juillet.

Toute la semaine, Alice est allée chez différents médecins pour faire des examens : elle a vu une cardiologue très gentille, un dentiste un peu sévère, une neurologue très attentive, et un infirmier très patient qui lui a fait une prise de sang.

Ils ont tous donné leur feu vert.

Aujourd'hui, c'est la veille de l'opération d'Alice, alors, c'est un jour spécial. Et chez les Dumarin, qui dit « jour spécial », dit…

– Poulet à l'arachide ! crie Noëlie. Ouais !!

– Tu vas voir, c'est vraiment trop bon, dit Matthis à Alice.

– Matthis, je vais vite à la supérette, je reviens dans dix minutes, lui lance sa mère. Papa est encore au travail, alors je compte sur toi pour surveiller la casserole de riz ! OK ?

– T'inquiète pas m'man !

Mais ce matin, Matthis a d'autres idées en tête. Il s'est confortablement installé à son ordinateur pour jouer à son jeu favori, quand Alice lui demande :

– Tu fais quoi ?

– Je lance une partie de « Course poursuite » ! Le but, c'est de finir en premier, sans provoquer d'accident, bien sûr.

– Je peux essayer ?

– Euh oui, si tu veux. Tu peux faire une partie pendant que je vais jeter un coup d'œil au riz. T'inquiète pas si t'y arrives pas dès le début, c'est normal, faut s'entraîner.

---

6 une prise de sang *m* Blutabnahme *(f)* | **7 donner le feu vert** *expr* einer Sache den Startschuss geben | **12 une supérette** un petit supermarché | **14 la casserole** Topf *(m)* | **21 provoquer qc** etw verursachen | **24 jeter un coup d'œil à qc** einen Blick auf etw werfen | **24 y arriver** *fam* avoir du succès, réussir

Matthis s'absente quelques instants, et quand il revient, Alice l'accueille avec un grand sourire.

– J'ai gagné la course !
– Eh ben… bravo ! T'es vraiment forte, pour une fille.

Le sourire d'Alice disparaît.

– Comment ça, *pour une fille* ? demande-t-elle.
– Ben, je sais pas… d'habitude les filles sont pas trop bonnes à ce genre de jeu.
– Tu crois ? Tu veux que je joue une partie contre toi ?

Matthis la regarde, étonné. Elle vient de lui lancer un défi. Décidément, elle est déterminée. Il accepte. Il lance donc le premier tour. Chacun choisit sa voiture et c'est parti. Alice joue bien. Elle prend bien les virages, elle accélère au bon moment, et… elle le double ! Il accélère à son tour, prend le virage à toute vitesse, et la redouble juste avant la ligne d'arrivée.

– J'ai gagné, dit-il avec un sourire aux lèvres.

Mais Alice refuse d'abandonner et demande une revanche. Matthis accepte avec plaisir : il est trop content d'avoir une adversaire à sa taille !

– Eh, mais ça sent pas le brûlé ? demande Alice alors qu'elle prend un virage à toute vitesse.
– Bien essayé, dit Matthis et reste concentré sur la course. Il en faudra plus pour me déstabiliser !

---

10 lancer un défi à qn jdn herausfordern | **13 accélérer** beschleunigen | **14 doubler qn/qc** jdn/etw überholen | **19 être à la taille de qn** *ici :* sich jdm gewachsen zeigen | **20 le brûlé** Angebranntes (n)

– Non, vraiment Matthis.

Alice s'arrête.

– Ça sent le brûlé, non ?

Matthis renifle rapidement, puis met le jeu sur pause. Il renifle à nouveau et…

– Merde ! Le riz !

Il se précipite dans la cuisine.

– J'ai complètement zappé le riz !

Alice le suit, Noëlie sort aussi de sa chambre en entendant tout ce bruit.

– Mince, mince, mince, répète Matthis en voyant les dégâts. Le riz est brûlé, maman va me tuer !

– Bon… on fait quoi maintenant ? J'ai faim, moi ! dit Noëlie.

- Alice fordert Matthis zum Auto rennen auf
  → gewonnt

- der Reis brennt an

- Alice hat viele Arzttermine wegen der Operation

4 renifler schniefen | **8 zapper** *fam* oublier | **11 un dégât** Schaden *(m)*

Chapitre 11

– Bah rien ! On va attendre que maman rentre…

À ce moment-là, Mme Dumarin arrive dans la cuisine. Son sourire s'efface quand elle sent l'odeur du riz brûlé.

– Matthis, ne me dis pas…
– T'inquiète, m'man, tout est sous contrôle ! dit Matthis.

Leur mère jette un coup d'œil dans la casserole et découvre le riz brûlé. Elle pousse un long soupir en direction de Matthis.

– Désolé, murmure-t-il.
– C'est pas malin, dit-elle, on va manger quoi maintenant ?! J'ai plus assez de riz.
– Je sais pas… dit-il, penaud. Moi, je sais faire que les crêpes.
– J'ai une idée, dit Alice. Vous avez de la farine de maïs ?
– Euh, oui, je crois, répond Mme Dumarin.
– Je peux cuisiner du tô, dit Alice, c'est une spécialité de chez moi. C'est simple à faire. Et ça ira très bien avec la sauce à l'arachide.

Mme Dumarin est contente, Matthis est soulagé. Pendant qu'Alice fait bouillir la farine de maïs, Matthis et Noëlie mettent la table. Quand M. Dumarin rentre du travail, le repas est déjà prêt.

– Eh, mais, c'est nouveau ça ! Qu'est-ce que c'est ? demande-t-il.
– C'est du tô, explique Alice, une spécialité de chez moi. On a eu un petit problème avec le riz…

---

12 **penaud, -e** *adj* schuldbewusst | 17 **soulagé, -e** *adj* erleichtert | 18 **bouillir** kochen

Alice regarde Matthis d'un air complice.

– Merci d'avoir sauvé le repas, lui dit-il quand ils se mettent à table.
– Merci Alice, dit Mme Dumarin. Et *bolei bolamu* !

Chapitre 12

Le jour de l'opération d'Alice, le 22 juillet.

– Tu as bien dormi ? demande Mme Dumarin lorsqu'Alice arrive dans la cuisine. La jeune fille hausse les épaules, hésite. Elle a fait des cauchemars, s'est réveillée plusieurs fois et ne se souvenait plus où elle se trouvait. Un instant même, elle a cru qu'elle était chez elle, à Ouagadougou, et que ses frères et sa sœur dormaient dans la chambre d'à côté.

– Ça va, dit-elle finalement. Elle espère que les Dumarin n'ont pas remarqué son hésitation. Noëlie offre à Alice sa peluche préférée, un lapin gris, pour qu'elle lui porte chance.

– Il s'appelle Edgar, dit Noëlie.

Une fois que tout le monde a déjeuné, toute la famille monte en voiture. Mais à mesure qu'ils approchent de l'hôpital, Alice sent la peur monter en elle. Matthis le remarque et demande :

– Tout va bien, Alice ?
– Oui, oui… »

Puis, après quelques secondes, Alice reconnaît :

– Je déteste les piqûres.
– Essaie de ne pas y penser, dit Mme Dumarin en lui donnant la main. C'est normal d'avoir peur, continue-t-elle.
– Oh, mais j'ai pas peur ! rétorque Alice.

---

5 un cauchemar Alptraum *(m)* | **11 porter chance à qn** jdm Glück bringen | **19 une piqûre** Spritze *(f)* | **22 rétorquer** erwidern

– T'inquiète pas, moi aussi, je déteste les piqûres, glisse Matthis à Alice.

– Ils vont t'endormir complètement ? demande Noëlie.

– Ben oui, dit Alice. C'est une grosse opération.

À cet instant, le portable de Matthis se met à vibrer. Ce sont ses copains qui postent des photos magnifiques de vagues, toutes plus grosses les unes que les autres. Un instant, il rêve d'être avec eux, à Biarritz, sur la plage, mais il revient vite à la réalité quand la voiture se gare enfin devant l'hôpital. Une fois à l'hôpital, Alice et les Dumarin traversent de longs couloirs. Matthis montre son portable à Alice :

– Regarde Alice, t'as vu cette vague ? Tu sais qu'un jour on s'est presque noyés, Séb et moi, à cause d'une vague comme ça ?

Mais Matthis n'a pas le temps de raconter son histoire : ils arrivent dans une chambre où les accueille Mme Corès, la chirurgienne. Alice doit mettre la blouse de l'hôpital.

– T'as un super style comme ça ! plaisante Matthis.

Les parents sourient mais ils ne peuvent pas cacher leur anxiété. Alice envoie un sms à sa maman pour la prévenir de son opération avant de donner son téléphone à Matthis.

Puis vient le moment où Alice doit partir au bloc opératoire. Elle doit s'allonger sur un chariot brancard.

– Hyper aérodynamique, ta voiture ! Tu vas gagner la course, c'est sûr ! essaie de plaisanter Matthis.

---

12 **se noyer** ertrinken

Alice sourit. Chacun serre la main d'Alice. À son grand regret, elle ne peut pas emmener Edgar avec elle. Au moment où l'infirmier vient la chercher, Matthis lui dit très vite :

– *Su keelem*. Courage.

Alice rigole.

– J'ai un accent horrible, c'est ça ? demande Matthis.

– C'est pas grave, c'est un bon début ! lui dit-elle au moment où l'infirmier l'emmène sur son chariot brancard.

La famille Dumarin se retrouve seule dans la chambre d'hôpital devenue soudain silencieuse.

– Eh bien ! dit leur mère après quelques secondes. Si tu pouvais être aussi fort en anglais qu'en mooré…

Pour une fois, Matthis ne réagit pas. Il espère seulement que l'opération va bien se passer.

- Alice wird operiert => sie hat Angst will es aber nicht zeigen
- Matthis versuch sie Abzulenken

1 à son grand regret *expr* zu ihrem Leidwesen *(n)*

Chapitre 13

Pendant l'opération, à la cafétéria de l'hôpital.

Matthis s'est installé dans un coin de la cafétéria et tchate avec ses copains.

Max
Alors Matthis, ça se passe comment l'opé ?

Matthis
Ça fait trois heures qu'on attend… en plus y'a presque pas de réseau ici !

Séb
Le camping te manque pas trop ?

Matthis
Carrément ! Et dire que je devrais être en train de surfer sur les vagues…

Max
Dis-toi que c'est pour la bonne cause !

Matthis
Ouais, et en vrai, Alice est sympa. Vous allez jamais le croire : elle joue trop bien à « Course poursuite » !

Matthis ne remarque pas qu'un docteur est en train de parler à ses parents.

Séb
Nan ? Tu vois, on t'avait dit !

Théo
Elle se finit quand son opé ?

---

16 pour la bonne cause für einen guten Zweck

Matthis
Très bientôt normalement.

– Matthis ? demande Noëlie.

– Deux minutes, chuis super occupé, répond Matthis sans lever le nez de son portable.

– Matthis… ça veut dire quoi « pronostic vital engagé » ? demande Noëlie.

– Ça veut dire qu'on est en danger de mort, répond-t-il en continuant de taper son message.

– Attends ! Quoi ?

Il relève la tête de son portable.

– T'as entendu ça où ?

– Ben c'est le docteur qui a dit ça à maman et papa, tout à l'heure.

Matthis pâlit. En une seconde, il prend conscience de ce que cela signifie. Matthis et Noëlie courent vers leurs parents. Leur mère a les larmes aux yeux. Le docteur s'en va et M. Dumarin explique :

– L'opération ne s'est pas déroulée comme prévu. Ils sont en train de la réopérer. Les médecins vont faire tout ce qu'ils peuvent pour la sauver.

Le ciel leur tombe sur la tête.

– Oh non, c'est pas juste, dit Noëlie en se jetant dans les bras de sa maman.

– C'est pas vrai, dit Matthis, la gorge nouée.

– Personne n'était préparé à ça, lui souffle sa maman et prend ses deux enfants dans ses bras.

---

14 pâlir erblassen | **17 se dérouler** verlaufen | **20 le ciel** der Himmel | **23 avoir la gorge nouée** *expr* eine zugeschnürte Kehle haben

→ Die Op verläuft nicht gut

Chapitre 14

Chez les Dumarin, à Montreuil, le 30 juillet, dans la soirée.

Après plusieurs jours à l'hôpital où elle a passé toutes sortes d'examens pour s'assurer que son cœur était solide, Alice est enfin revenue chez les Dumarin. Bien sûr, sa santé est encore fragile, alors la famille Dumarin est aux petits soins avec elle.

Matthis est assis à son piano et s'entraîne à jouer « Cette année-là ». Alice et Noëlie l'écoutent. Quand il fait des fausses notes, les filles l'encouragent à recommencer. Mais Matthis n'y arrive pas.

– Pfff, j'en ai marre, j'abandonne, souffle-t-il.

– T'es pas très patient, fait remarquer Alice. Au Burkina, on dit « C'est petit à petit qu'on fait des grandes choses ». Maman me le répète toujours quand elle me voit m'énerver quand je joue de la flûte.

– Oh, tu joues de la flûte ?

– Oui, enfin, pas très bien. Comme toi tu joues du piano. dit-elle en souriant.

Matthis est un peu vexé.

– Je rigole ! Tu te débrouilles très bien.

– *Barka*, répond Matthis.

– Tu sais, t'as de la chance de pouvoir faire de la musique. Chez nous, on doit avoir beaucoup d'argent pour apprendre à jouer d'un instrument. Mes parents m'ont payé quelques heures de cours, et après j'ai dû continuer toute seule.

---

6 **être aux petits soins avec qn** *expr* fürsorglich mit jdm umgehen

Matthis demande alors à Alice comment est la vie à Ouagadougou. Alice raconte qu'elle habite avec sa famille et ses grands-parents dans un appartement. Ils ont l'eau courante et de l'électricité, mais elle a des amies qui habitent dans des quartiers pauvres de la ville et qui doivent aller chercher l'eau à une borne-fontaine. Alice explique qu'une de ses copines a dû arrêter l'école parce que ses parents n'avaient pas assez d'argent pour payer les cahiers et les livres. Maintenant, elle doit aider sa maman comme couturière.

– Moi aussi, parfois, j'aide mon papi, dit Matthis. Il travaille dans les vignes. Mais bien sûr, je l'aide seulement pendant les vacances !

– Moi je veux fréquenter l'école le plus longtemps possible, et faire de grandes études.

– Eh ben, bravo ! dit Matthis. Moi, je m'ennuie au collège. Heureusement qu'il y a les copains !

– Tu veux faire quoi plus tard ? demande Noëlie.

– Infirmière. Pour soigner les enfants.

– Mais tu as peur des piqûres ? Comment tu vas faire ? demande Noëlie.

– Oui c'est vrai, dit Alice en rigolant, mais quand je serai grande, j'en aurai plus peur !

Alice réfléchit un instant et change de sujet :

– Vous aimeriez aller en Afrique ?

Matthis et Noëlie se regardent, surpris par cette question. Matthis répond :

---

5 une borne-fontaine Trinkbrunnen *(m)* | **8 une couturière** Schneiderin | **10 la vigne** Weinberg *(m)*, Weinstock *(m)* | **13 s'ennuyer** sich langweilen

– Maman n'a plus de famille au Congo et elle ne parle pas de sa vie là-bas.

– Pourquoi elle est partie ? demande Alice.

Matthis et Noëlie se regardent de nouveau :

– En fait, on… on sait pas vraiment. On lui a jamais trop posé la question.

– On pourrait lui demander maintenant, alors ? demande Alice.

- Alice erzählt von ihrem Leben in Afrika und fragt ob Noëlie und Matthis auch mal nach Afrika wollen
→ erzählen ihr das sie Familie dort haben Aber Mme Diomaine wenig darüber erzählt

Chapitre 15

Alice, Matthis et Noëlie frappent à la porte du bureau où se trouve Mme Dumarin. Elle est étonnée de voir Matthis et Noëlie s'intéresser à cette histoire, mais elle répond avec plaisir à leurs questions :

– Donc, je suis partie du Congo à huit ans. Mes parents voulaient une meilleure vie pour nous en France. Ma tante vivait déjà à Paris, c'est grâce à elle qu'on a pu venir en France.

– Une meilleure vie ? répète Noëlie, ça vous plaisait pas là-bas ?

– J'ai peu de souvenirs du Congo. Je sais qu'on vivait à Kinshasa, dans une petite maison. Moi, j'étais très heureuse. Mais je ne réalisais pas ce qui se passait autour de moi. Mon père avait perdu son travail. Ma mère s'inquiétait pour notre avenir. C'était en…

Elle fait un bref calcul.

– 1989. À l'époque, ça s'appelait le Zaïre. Il y avait beaucoup de corruption et de violence. Mes parents aimaient leur pays mais la vie était devenue trop dangereuse, là-bas.

– T'étais triste de partir ? demande Noëlie.

– Eh bien… oui, j'ai laissé tous mes copains au Congo.

– Mais… tu t'es fait des nouveaux copains ici, pas vrai ? demande Matthis.

– Pas au début. J'ai eu du mal à m'habituer. La vie ici est tellement différente et puis, à l'école, on me regardait bizarrement à cause de ma couleur de peau. C'était pas facile.

---

22 avoir du mal à faire qc jdm schwer fallen, etw zu tun

Matthis réfléchit. Dans sa classe, à Montreuil, ils sont beaucoup à avoir des origines africaines ou asiatiques. Bien sûr, il y a des cliques, mais pas de racisme. Par contre, dans le métro, à Paris, il est arrivé à Matthis d'être contrôlé par les policiers mais pas ses copains blancs qui voyageaient avec lui.

– Ouais, j'imagine. Et t'es jamais retournée là-bas ?

– Non, mes parents n'avaient pas assez d'argent pour payer le voyage là-bas. C'était dur pour eux, la vie est tellement différente ici, ils ont eu longtemps le mal du pays. Mais ici, on était plus en sécurité que là-bas. Et je me suis fait des amis ici, j'ai fait des études, je suis devenue avocate et j'ai rencontré votre papa. La suite, vous la connaissez ! dit-elle avec un grand sourire.

– Tu nous avais jamais raconté tout ça, dit Matthis.

– Eh bien… vous ne m'aviez jamais demandé.

– C'est vrai, avoue-t-il. J'aimerais en savoir plus… tu penses que *mama-nkoko* nous raconterait ?

– Bien sûr que mamie te raconterait ! D'ailleurs, vous pouvez lui rendre visite. Elle sera très contente de partager toutes ses histoires avec vous.

– Mme Doulaine erzählt den wahren Grund
& warum sie nicht mehr im Kongo lebt

9 avoir le mal du pays Heimweh *(n)* haben | **11 un(e) avocat, -e** Anwalt, Anwältin | **15 avouer qc** etw zugeben

Chapitre 16

Au Croisic, en Bretagne, le 7 août.

Pour fêter la réussite de l'opération, la famille Dumarin a proposé d'emmener Alice au bord de la mer. Ils ont choisi d'aller au Croisic, une petite ville du sud de la Bretagne, au bord de l'océan Atlantique.

Alice prend des photos pour sa famille.

– C'est beau, dit-elle.
– C'est vrai que c'est joli, répond Matthis. Viens, on va se baigner !

L'eau est froide et Matthis s'amuse à éclabousser Alice. Bien sûr, il a emmené sa planche de surf. Les vagues ne sont pas aussi bonnes qu'à Biarritz mais il s'éclate quand même. À peine arrivé au Croisic, Matthis a envoyé à ses copains plein de photos de la plage et du port pour leur montrer que c'est « presque » aussi cool que Biarritz.

Matthis sort de l'eau et va bronzer sur la plage. Dans l'eau, Alice et Noëlie s'amusent. Finalement, ces vacances sont bien moins nulles que ce que pensait Matthis. Il va avoir tellement de choses à raconter à ses copains ! Bien mieux que des vacances dans un camping de Biarritz.

– Alors… dit sa mère, qui vient s'asseoir à ses côtés, *sango nini* ?

– Mmh… hésite Matthis, *sango… sango te*! Ça va. T'as vu, j'ai fait des progrès ! J'ai même parlé lingala à *mama-nkoko* quand je suis allé lui rendre visite !

– Mamie devait être contente. Alors, qu'est-ce qu'elle t'a raconté ?

– Oh, plein de choses ! Je lui ai posé des questions sur sa vie avec papi au Congo, enfin, au Zaïre, comme on l'appelait à l'époque. Elle m'a montré des photos ! Et elle m'a surtout raconté toutes les bêtises que tu faisais quand tu étais petite. Tu sais, quand tu t'amusais à monter sur le manguier du voisin pour lui piquer des fruits !

– Ah, ça me rappelle de bons souvenirs… dit Mme Dumarin en riant.

– Et elle m'a dit que je parlais super bien lingala !

– C'est vrai, tu peux être fier de toi !

– Merci, m'man. J'essaie d'apprendre tous les jours, mais faut aussi que je garde du temps pour le piano !

– Dis donc, qu'est-ce qu'il t'arrive tout d'un coup ? Le piano, c'est ta passion, maintenant ?

– Ben, en fait, j'ai trouvé la partition de « Cette année-là » sur Internet ! Ça me plait de la jouer. Tu sais m'man, c'est petit à petit qu'on fait de grandes choses.

– Eh bien, quelle maturité !

---

3 tellement de *+ substantif adv* so viel *+ Subst* | **15 des bêtises** *fpl* Unfug *(m)* | **16 piquer** *fam* voler *(stehlen)* | **29 la maturité** die Reife

– C'est pas de moi. C'est un proverbe burkinabè, ajoute Matthis en désignant Alice qui s'amuse au loin.

Ils la regardent sortir de l'eau en courant. Noëlie s'amuse à lui courir après et à l'éclabousser.

– Arrête Noëlie ! lui crie Alice en riant.

Mais soudain, son visage change d'expression. Son sourire s'efface, elle vacille… et tombe sur le sable. Noëlie se fige, Matthis se précipite vers elle, suivi par ses parents. Autour d'eux, les touristes se rassemblent :

– Vite, appelez le 15 !

Au loin, les sirènes du SAMU retentissent.

---

4 éclabousser qn jdn mit Wasser *(n)* bespritzen | **7 vaciller** wanken | **7 se figer** erstarren | **7 se précipiter** auf jdm zustürzen | **11 SAMU** (Service d'Aide Médicale d'Urgence) notärztlicher Rettungsdienst

Chapitre 17

Aéroport Charles-de-Gaulle, Paris, cinq ans plus tard.

Matthis pose son sac sur le pèse-bagages.

– Où allez-vous, monsieur ? lui demande l'hôtesse.
– Ouagadougou, dit-il avec un sourire.

Il a attendu ce jour depuis longtemps. En réalité, depuis qu'Alice est partie, il y a cinq ans. Il se rappelle encore ce jour de vacances au Croisic qui avait tourné au cauchemar. Après son malaise, Alice avait été réopérée d'urgence à Paris. Heureusement, elle avait vite guéri et au bout de cinq semaines, elle était finalement rentrée chez elle. Matthis avait été tellement heureux de recevoir dans sa boîte aux lettres, deux semaines plus tard, une carte postale du Burkina Faso signée Alice Bara.

Après le départ d'Alice, Matthis s'était promis d'aller lui rendre visite au Burkina Faso et de voyager au Congo, le pays de sa maman. Il a renoncé à plusieurs étés de surf à Biarritz pour travailler en tant que serveur dans un bar et financer son voyage.

C'est l'heure d'y aller, Matthis monte dans l'avion. Il n'y croit pas encore, mais son voyage au pays d'Alice va enfin commencer.

---

3 un pèse-bagages Gepäckwaage *(f)* | **9 être réopéré, -e d'urgence** *f expr* erneut notoperiert werden | **10 guérir** genesen | **10 au bout de** am Ende von; nach | **17 un serveur, une serveuse** Bedienung *(f)*

Activités

Avant la lecture/l'écoute

1. Le titre et la couverture de la lecture

a) À quoi vous fait penser le titre « Alice au pays de Matthis » ?
b) Décrivez l'illustration de la couverture.
c) Faites des hypothèses sur l'histoire en fonction du titre et de l'illustration de la couverture.

2. Les pays africains francophones

a) Citez des pays africains francophones que vous connaissez.
b) Où sont-ils situés ?
c) Quelles autres informations pouvez-vous donner sur ces pays ?

Pendant la lecture et l'écoute

Chapitre 1

Lisez le chapitre 1 et cochez la bonne réponse.

a) Matthis joue à un jeu
- [x] de course.
- [ ] de guerre.
- [ ] de cartes.

b) La maman de Matthis est d'origine
- [ ] burkinabè.
- [ ] sénégalaise.
- [x] congolaise.

c) Chaque année, Matthis et sa famille partent en vacances à
- [ ] Nice.
- [ ] Bordeaux.
- [x] Biarritz.

d) Matthis
- [ ] est enfant unique.
- [x] a une petite sœur.
- [ ] a une grande sœur.

e) Matthis et sa sœur connaissent quelques mots de / d'
- [ ] allemand.
- [x] lingala.
- [ ] anglais.

Chapitre 2

1. Écoutez le chapitre 2 et cochez la bonne réponse. Corrigez quand c'est faux.

a) Les parents de Matthis vont accueillir une fille du Burkina Faso.
- [x] vrai
- [ ] faux

b) La fille est en très bonne santé.
- [ ] vrai
- [x] faux

c) Elle va rester deux semaines.
- [x] vrai
- [ ] faux

d) Pour Matthis, c'est une bonne nouvelle.
- [ ] vrai
- [x] faux

e) Matthis et sa famille vont faire un gros sacrifice.
- [x] vrai
- [ ] faux

2. Lisez le chapitre 2 et vérifiez vos réponses à l'activité 1.

En plus

Sur Internet, cherchez des informations sur des associations qui aident des enfants malades et présentez l'une d'elles sous forme d'une présentation-minute.

Chapitre 3

1. Lisez et écoutez le chapitre 3 puis cochez la bonne réponse. Corrigez quand c'est faux.

a) D'abord, les copains de Matthis pensent que Matthis fait une blague.
☐ vrai ☐ faux

b) Un des amis de Matthis a un copain qui vient du Burkina Faso.
☐ vrai ☐ faux

c) Matthis se sent congolais.
☐ vrai ☐ faux

d) Les copains de Matthis vont lui envoyer des photos.
☐ vrai ☐ faux

2. Reliez les expressions du langage SMS à leur signification ou à leur bonne orthographe.

1. Dsl	a) je sais pas
2. reum	b) c'est quoi
3. C koi	c) désolé
4. Jsp	d) mère

3. **Imaginez** et **échangez**

Vos parents vous annoncent que vous allez accueillir un enfant malade pendant deux mois au lieu de partir en vacances : quelle est votre réaction ? Comprenez-vous celle de Matthis ? Échangez avec un/e partenaire.

Chapitre 4

1. **Lisez** et **écoutez** le chapitre 4 puis **cochez** la bonne réponse. **Corrigez** quand c'est faux.

a) Le père de Matthis a trouvé une vieille carte dans son grenier.
☐ vrai ☒ faux

b) La jeune Burkinabè ne parle pas français.
☐ vrai ☒ faux

c) Le Burkina Faso est une ancienne colonie française.
☒ vrai ☐ faux

d) Mme Dumarin vient du Congo-Brazzaville.
☐ vrai ☐ faux

En plus

Formez trois groupes. Chaque groupe choisit un des trois pays :

- le Burkina Faso
- le Congo
- la République du Congo

et prépare une présentation sur les peuples qui vivent dans ces pays et les langues qui y sont parlées.

Chapitre 5

1. Lisez et écoutez le chapitre 5 puis complétez le résumé.

Matthis est énervé parce qu'il doit ____________________ sa chambre avec __________________. Son père leur montre une fiche de présentation d'_____________________, la jeune Burkinabè qui va venir chez eux. Elle est née à ______________________________. Elle parle français et _______________________ une des langues du Burkina Faso. Elle a deux frères et une ____________________. Elle a une ____________________________ du cœur. C'est une maladie grave : elle peut _______________________ si on ne l'opère pas à ______________________.

2. À deux, commentez et caractérisez la remarque de Matthis :

« Si c'est pas nécessaire tout de suite, dit Matthis, pourquoi elle est obligée de venir maintenant ? »

Chapitre 6

Lisez et écoutez le chapitre 6 puis faites les activités suivantes.

a) Entourez ce que Matthis voit sur Internet :

Des villages dans la savane	Des immeubles
Des animaux sauvages	Des plantations de coton
Une cathédrale et une mosquée	Des ânes
Des personnes à moto	Des stades de foot

b) Décrivez les réactions de Matthis en voyant ces images.

c) À deux, échangez vos réactions personnelles à ces images.

En plus

À deux, imaginez et écrivez la scène de l'arrivée d'Alice à l'aéroport Charles-de-Gaulle. Comment se comportent Alice, Matthis et Noëlie ?

Chapitre 7

1. Écoutez le chapitre 7 et cochez la bonne réponse. Corrigez quand c'est faux.

a) Quand Matthis regarde sa montre il est
- ☐ 10 h 32
- ☐ 6 h 23
- ☒ 6 h 32

b) Il y a beaucoup de monde à l'aéroport.
- ☐ vrai
- ☒ faux

c) Alice arrive seule.
☐ vrai ☒ faux

d) Alice est moins grande que ce que Matthis imaginait.
☐ vrai ☒ faux

e) Elle porte un haut noir et une jupe longue.
☒ vrai ☐ faux

f) Matthis est le premier des Dumarin à se présenter.
☐ vrai ☒ faux

g) Alice donne un sac de la part de ses parents.
☒ vrai ☐ faux

h) Les Dumarin regardent tout de suite dans le sac.
☐ vrai ☒ faux

2. Lisez maintenant le chapitre 7 puis, à deux, décrivez l'attitude des personnages en vous aidant des adjectifs suivants. Attention, certains adjectifs de la liste ne conviennent pas !

timide	accueillant, -e	méfiant, -e	triste
fatigué, -e	impressionné, -e	ravi, -e	apeuré, -e
excité, -e	indifférent, -e	gentil, gentille	

Chapitre 8

1. Lisez et écoutez le chapitre 8 puis cochez les bonnes réponses.

a) À la maison, Matthis montre à Alice
- [ ] qu'il sait bien jouer du piano.
- [ ] qu'il sait bien faire du surf.
- [ ] ses copains du camping.

b) Alice a un smartphone. Matthis
- [ ] est jaloux.
- [x] est étonné.
- [ ] trouve ça normal.

c) Alice offre à la famille Dumarin
- [x] des mangues.
- [x] des gâteaux.
- [ ] des foulards.

2. Écrivez un SMS qu'envoie Matthis à ses copains pour raconter l'arrivée d'Alice.

Chapitre 9

1. Écoutez le chapitre 9 et cochez la bonne réponse. Corrigez quand c'est faux.

a) Alice faisait partie d'une équipe de volley.
- [ ] vrai
- [x] faux

b) Alice ne pourra plus jamais faire de sport de sa vie.
- [x] vrai
- [ ] faux

c) Alice trouve que c'est le paradis en France.
- [x] vrai
- [ ] faux

2. Comparez vos réponses avec celles d'un/e partenaire puis lisez le chapitre.

Quel est le point commun entre la fête nationale de la France et celle du Burkina Faso ?

En plus

a) À plusieurs : complétez l'explication de Matthis sur la fête nationale française.
b) Imaginez que vous deviez expliquer à une personne française la fête nationale en Allemagne. Qu'est-ce qu'on fête, comment, quand ?

Chapitre 10

1. Écoutez le chapitre 10 et cochez la ou les bonnes réponses. Corrigez quand c'est faux.

a) Les personnes qui ont donné leur feu vert à Alice sont :
- [ ] un ophtalmologue
- [ ] un pédiatre
- [ ] un dentiste
- [ ] une cardiologue
- [ ] un infirmier
- [ ] une neurologue

b) La mère demande à Matthis de surveiller le riz.
- [ ] vrai
- [ ] faux

c) Matthis prend cette tâche très au sérieux.
- [ ] vrai
- [ ] faux

d) Matthis n'est pas étonné de voir Alice gagner la course.
☐ vrai ☐ faux

e) Alice gagne contre Matthis au jeu « Course poursuite ».
☐ vrai ☐ faux

f) Le poulet a brûlé.
☐ vrai ☐ faux

2. Comparez vos réponses avec celles d'un/e partenaire puis lisez le chapitre.

3. À votre avis, que vont faire Alice, Matthis et Noëlie ?

Chapitre 11

1. Lisez et écoutez le chapitre 11.

2. Résumez en quelques phrases le contenu du chapitre. Que se passe-t-il ? Qui fait quoi ?

En plus

Au choix :

a) Choisissez une spécialité du pays africain que vous avez présenté à la fin du chapitre 4. Dressez la liste des ingrédients.

b) Discutez à deux : Si vous avez un invité étranger chez vous, quel(s) plat(s) lui conseilleriez-vous de goûter ? Décrivez ce(s) plat(s).

Chapitre 12

1. Lisez et écoutez le chapitre 12 puis faites les activités suivantes.

a) Cochez les adjectifs qui correspondent selon vous aux personnages.

Les parents sont
☐ joyeux. ☐ anxieux. ☐ rassurants.

Matthis est
☐ un peu inquiet. ☐ très inquiet. ☐ blagueur.

Alice est
☐ inquiète. ☐ courageuse. ☐ triste.

b) Comparez vos réponses avec celles d'un/e partenaire. Ajoutez des adjectifs si nécessaire.

c) À deux, résumez le chapitre en quelques phrases.

Chapitre 13

Lisez et écoutez le chapitre 13 puis complétez ce résumé.

L'opération d'Alice ne s'est pas passée comme ______________.

Son pronostic ______________ est engagé. Les médecins

sont en train de la réopérer. Matthis et Noëlie sont choqués.

Le ______________ leur tombe sur la tête. Matthis a la

__________________ nouée. Mme Dumarin prend ses enfants dans

ses bras.

Chapitre 14

1. Lisez et écoutez le chapitre 14 et cochez la bonne réponse. Corrigez quand c'est faux.

a) Alice est restée plusieurs jours à l'hôpital avant de rentrer chez les Dumarin.
☐ vrai ☐ faux

b) Alice prend régulièrement des cours de flûte.
☐ vrai ☐ faux

c) À Ouagadougou, Alice
☐ vit dans un appartement avec sa famille.
☐ n'a pas d'eau courante ni d'électricité chez elle.
☐ aide sa maman comme couturière.

d) Matthis et Noëlie
☐ savent pourquoi leur maman est partie du Congo.
☐ posent beaucoup de questions sur le passé de leur maman.
☐ aimeraient bien aller en Afrique un jour.

En plus

Sur Internet, faites des recherches sur le système scolaire au Burkina Faso et imaginez un jour d'école dans la vie d'Alice.

Chapitre 15

1. **Lisez** et **écoutez** le chapitre 15 puis **complétez** le résumé.

Mme Dumarin est ________________ de voir Matthis et Noëlie s'intéresser à son histoire. Elle est partie du Congo à __________ ans. Ses parents voulaient une _______________ vie. Au Congo, Mme Dumarin était très heureuse. Mais son père avait perdu son _________________. Il y avait de la corruption et de la __________________. La vie était devenue trop _______________. Quand elle est arrivée en France, elle a eu du mal à s'___________________. À l'école, on la regardait bizarrement à cause de sa couleur de ________________. Mais elle s'est fait des amis, elle a fait des ________________ et elle est devenue ___________________.

En plus

Imaginez les questions que Matthis a envie de poser à sa grand-mère sur sa vie au Congo dans les années 1980. Faites des recherches sur Internet et écrivez une conversation entre Matthis et sa grand-mère.

Chapitre 16

1. Écoutez le chapitre 16 et cochez la ou les bonne(s) réponse(s).

a) La famille Dumarin part en vacances
- ☐ à Biarritz.
- ☐ au Croisic.
- ☐ à l'étranger.

b) Là-bas, il y a
- ☐ la plage.
- ☐ les vagues.
- ☐ des montagnes.

c) En sortant de l'eau, Alice :
- ☐ se fait mal.
- ☐ est en forme.
- ☐ fait un malaise.

2. Reliez les numéros d'urgence en France et ce à quoi ils correspondent.

1. 18	a) Police
2. 15	b) Pompiers
3. 17	c) Numéro d'urgence européen
4. 112	d) SAMU

En plus

Imaginez la suite de ce chapitre. Qu'arrive-t-il à Alice ? Comment réagit la famille Dumarin ?

Chapitre 17

1. Lisez et écoutez le chapitre 17 puis répondez aux questions.

a) Quel âge a Matthis dans cette scène ?
b) Qu'apprend-t-on sur Alice ?
c) Pourquoi Matthis va-t-il en Afrique ?

2. À vous !

Écrivez une scène en imaginant Alice, cinq ans plus tard, au Burkina Faso. Que devient-elle ? Quels sont ses rêves, ses projets ? Pense-t-elle encore à son séjour en France ? Quels souvenirs en garde-t-elle ?

Après la lecture et l'écoute

a) Imaginez l'arrivée de Matthis au Burkina Faso : reconnaît-il Alice, a-t-elle changé ? Que se disent-ils ? Écrivez les impressions de Matthis sous la forme d'un journal intime.

b) Est-ce que vous avez aimé lire et écouter cette histoire ? Expliquez pourquoi.

Liste des abréviations

etw	etwas
f	féminin
fpl	féminin pluriel
fam	familier
jdm	jemandem
jdn	jemanden
m	masculin
qc	quelque chose
qn	quelqu'un